MISIONES DE CALIFORNIA

La Misión de San Miguel Arcángel

JACK CONNELLY

TRADUCIDO POR CHRISTINA GREEN

Cavendish Square
New York

Published in 2016 by Cavendish Square Publishing, LLC
243 5th Avenue, Suite 136, New York, NY 10016

First Edition

CPSIA Compliance Information: Batch #WS14CSQ

Library of Congress Cataloging-in-Publication Data

Connelly, Jack.
La Misión de San Miguel Arcángel / Jack Connelly, translated by Christina Green.
pages cm. — (Las misiones de California)
Includes index.
ISBN 978-1-5026-1157-4 (hardcover) ISBN 978-1-5026-1161-1 (paperback) ISBN 978-1-5026-1143-7 (ebook)
1. Mission San Miguel Arcangel (San Miguel, Calif.)—History—Juvenile literature. 2. Spanish mission buildings—California—San Miguel—History—Juvenile literature. 3. Franciscans—California—San Miguel—History—Juvenile literature. 4. Salinan Indians—Missions—California—San Miguel—History—Juvenile literature. 5. California—History—To 1846—Juvenile literature. I. Edgar, Nancy A. II. Title.

F869.M666E34 2015
979.4'63—dc23

Editorial Director, Spanish: Nathalie Beullens-Maoui
Translator: Christina Green
Editor, Spanish: Maria Cristina Brusca
Art Director: Jeffrey Talbot
Designer: Douglas Brooks
Photo Researcher: J8 Media
Production Manager: Jennifer Ryder-Talbot
Production Editor: David McNamara

The photographs in this book are used by permission and through the courtesy of: Cover photo by spirit of america/Shutterstock.com; Richard Cummins/Robert Harding World Imagery/Getty Images, 1; Ambient Images Inc./SuperStock, 4; File:Charles III of Spain high resolution.jpg/Wikimedia Commons, 6; © North Wind/Nancy Carter/North Wind Picture Archives, 7; © Ann Thiermann, 8–9; Courtesy CMRC, 10; Mike Baird/File:Pictographs on Painted Rock.jpg/Wikimedia Commons, 12; © 2014 Pentacle Press, 13; Library of Congress Prints and Photographs Division, 15; © Pentacle Press, 17; Library of Congress Prints and Photographs Division, 21; Richard Cummins/Robert Harding World Imagery/Getty Images, 21; © North Wind Picture Archives/Alamy, 23; Courtesy of UC Berkeley, Bancroft Library, 24–25; Courtesy of UC Berkeley, Bancroft Library, 27; Courtesy of UC Berkeley, Bancroft Library, 28–29; © iStockphoto.com/pastorscott, 31; Courtesy of UC Berkeley, Bancroft Library, 32–33; Library of Congress Prints and Photographs Division, 34; Richard Cummins/Robert Harding World Imagery/Getty Images, 36; Geri Lavrov/Photolibrary/Getty Images, 41.

Printed in the United States of America

MISIONES DE CALIFORNIA

Contenido

La Misión de San Miguel Arcángel es una de las misiones que le dio forma a la historia inicial de California, a finales del siglo XVIII y durante el siglo XIX.

1 Los españoles exploran California

En las orillas del pueblo de San Miguel, California, la Misión de San Miguel Arcángel se levanta como recordatorio de los esfuerzos españoles por colonizar el territorio. En 1797, se convirtió en la decimosexta de una cadena de veintiuna misiones fundadas, a lo largo de la costa de California, por **frailes** españoles, entre 1769 y 1823.

ESPAÑA SE INTERESA EN EL NUEVO MUNDO

El interés de España en California comenzó después de que el explorador Cristóbal Colón regresó con noticias de las tierras que se conocen, hoy día, como el Nuevo Mundo o América. Aunque muchos pueblos habían habitado dichas tierras durante miles de años, América era desconocida para los europeos hasta ese momento. Los españoles estaban ansiosos por explorar ese territorio y reclamarlo como propio. Deseaban expandir su imperio y esperaban encontrar oro, especias y otras riquezas.

CREANDO NUEVA ESPAÑA

A fin de apoderarse del territorio americano sin enviar un gran número de colonizadores, el Gobierno español decidió convertir a la gente que ya vivía ahí en ciudadanos españoles. Lo lograrían enseñando a los **indígenas** el idioma, las costumbres y las creencias religiosas de España. En 1519, Hernán Cortés llegó al área que hoy en día es México y conquistó el Imperio azteca. Los españoles reclamaron estas tierras como suyas y las llamaron Nueva España.

El rey Carlos III envió soldados y frailes, para comenzar las misiones en Alta California.

BAJA Y ALTA CALIFORNIA

Después de que los españoles conquistaron Nueva España, se interesaron en parte del territorio ubicado al norte. Hoy en día esta tierra es California y la parte de México que se llama Baja Península. El estado de California se llamaba entonces *Alta* California, mientras que la *Baja* Península era conocida como Baja California.

El explorador Juan Rodríguez Cabrillo navegó hasta Alta California en 1542; y allí encontró lo que posteriormente se llamaría la bahía de San Diego. En 1602, otro explorador, Sebastián Vizcaíno, viajó a Alta California. Navegó alrededor de lo que en la actualidad es la bahía de Monterrey. Puesto que ni Cabrillo ni Vizcaíno encontraron oro, ni naciones ricas que conquistar, los españoles no pensaron que el tiempo y el dinero necesarios para colonizar Alta California valieran la pena.

No fue sino hasta 1769 que los españoles enviaron soldados y misioneros para comenzar las misiones de Alta California. El rey español, Carlos III, temía que los colonizadores de Rusia y Gran Bretaña se apoderaran de esas tierras. Para evitarlo, ordenó que el Gobierno de Nueva España estableciera misiones en Alta California tan pronto como fuera posible.

2
Los salina

Cuando los colonos españoles llegaron a Alta California, encontraron que la tierra ya estaba poblada por unos 300,000 nativos californianos. Dichos nativos eran miembros de diferentes grupos, conocidos como tribus, y cada uno tenía sus propias costumbres y lengua. La mayoría de los nativos que vivían en la región de San Miguel formaban parte del pueblo salina, junto con un pequeño número de chumash. Es difícil conocer los orígenes de los salina puesto que no dejaron registro escrito de su historia. Los científicos, llamados arqueólogos, cavaron cuidadosamente los sitios de antiguas aldeas para hallar claves del estilo de vida de los salina y descifrar cómo vivían.

Muchas tribus nativas, incluyendo los salina, hacían casas en forma de domo con ramas y juncos de los alrededores.

CAZADORES Y RECOLECTORES

El estilo de vida de los salina, sus hogares, dieta, trabajo y religión se vinculaba en su totalidad con la naturaleza. Gran parte de la vida cotidiana de los salina estaba ocupada por la búsqueda de plantas, animales, peces e insectos. Las mujeres eran quienes hacían la mayor parte de la recolección; recogían ramas, semillas, frutos rojos y nueces que constituían alimentos básicos de su dieta.

Las bellotas eran una fuente nutritiva importante para los salina; y las utilizaban en sopas, tortas y panes. Sin embargo, las bellotas tienen un ácido amargo que les da un gusto muy desagradable. Las mujeres salina desarrollaron una manera especial de prepararlas para hacerlas más apetitosas. Primero, molían las bellotas triturándolas entre dos rocas llamadas mortero y mazo hasta formar una harina. Entonces colocaban la harina de bellotas en un hoyo arenoso, o en una cesta, y vertían agua caliente para lavarle la amargura. Esto se hacía muchas veces para asegurarse de que la harina de bellotas fuera comestible.

Los hombres salina cazaban con lanzas, arcos y flechas. El extremo

Muchos nativos vivían en aldeas. Todos trabajaban juntos para sobrevivir. Los hombres con frecuencia cazaban mientras que las mujeres cocinaban y recolectaban bellotas y otros vegetales para comer.

puntiagudo de sus flechas y lanzas estaba hecho de rocas cascadas, para formar una punta dura que pudiera atravesar la piel de los animales. Se utilizaban ramas de árboles fuertes y flexibles para hacer los arcos. Las cuerdas de los arcos se hacían con tallos de plantas o tendones de animales.

ALDEAS

Los salina construían sus casas utilizando materiales que se daban en la región. Utilizaban madera local para hacer la estructura en forma de cono; y luego enlazaban capas de ramas cortadas y juncos, que se entretejían sobre la madera. El tejido servía, como si fuera de tejas, para aislar la lluvia.

Los salina vivían en aldeas de 30 a 300 habitantes. Puesto que vivían de la tierra, tenían que mudarse en diversos momentos del año, cuando el agua o la comida del área escaseaban. También se mudaban cuando sus casas se desgastaban, se volvían viejas o inestables. En otoño, los salina se mudaban a refugios temporales cerca de los bosques de robles, a fin de recoger tantas bellotas como fuera posible.

LA ROPA

A lo largo de gran parte del año, los hombres salina usaban poco o nada de ropa. Las mujeres usaban faldas hechas de cortezas, hierbas, o pieles de animales. En temporadas más frías, todos se colocaban pieles sobre los hombros para abrigarse. Los salina usaban collares y zarcillos hechos de conchas de abulón. Tanto hombres como mujeres usaban el cabello largo.

UN MODO DE VIDA

Los salina creían que muchos espíritus se mantenían en acción en la naturaleza. Creían que los curanderos o chamanes eran capaces de sanar enfermedades. Los chamanes trataban a los enfermos danzando, cantando y utilizando hierbas medicinales.

Cada año recogían muchas bellotas y las almacenaban para su uso posterior.

Los salina también se servían de sus cantos y danzas en muchas otras ceremonias, como las relacionadas con nacimientos, bodas, muertes, y cuando los muchachos y muchachas se hacían adultos. Para honrar aún más estas ocasiones, algunas veces los salina también se pintaban el cuerpo.

3
El sistema de las misiones

Mientras que el Gobierno español quería construir misiones para crear más ciudadanos españoles y reivindicar territorio para España, los frailes estaban ansiosos por enseñarles el **cristianismo** a los nativos californianos. Los frailes creían que solo los cristianos irían al cielo después de morir, y querían salvar las almas de los indígenas.

Se enviaban soldados para ayudar en la construcción del complejo de la misión, vigilar a las personas de la misión y proteger el complejo contra los nativos que no querían a los españoles en sus tierras. Cada misión tenía cuatro o cinco soldados que vivían en el complejo. En algunas áreas, los españoles construyeron fuertes, llamados *presidios*, para proteger las misiones de ataques.

MALENTENDIDOS CULTURALES

Los salina vivían de manera muy diferente a los misioneros europeos, quienes los veían como personas "incivilizadas", o como niños, que necesitaban aprender a vivir de manera "apropiada". Los españoles percibían a los salina como inferiores debido a que no eran educados en escuelas, vivían en casas temporales y adoraban muchos espíritus en lugar del dios cristiano. Los frailes creían que enseñar a los salina el modo de vivir de los españoles era lo que más les convenía; y querían enseñarles a cultivar, hablar el idioma español y seguir la religión cristiana. No se daban cuenta, o no reconocían, que los salina llevaban vidas productivas por sí mismos.

Antes de la intervención española, los salina habían establecido sus creencias y tradiciones. Los salina, chumash y yokut eran conocidos por crear pictogramas, como este, realizado en Painted Rock.

Cuando los nativos californianos se incorporaban a la misión, y se **convertían** al cristianismo, eran llamados **neófitos**. Los neófitos tenían que vivir en la misión y no se les permitía salir. Los frailes temían que los neófitos nunca regresaran si salían de la misión.

Los españoles esperaban adiestrar a los neófitos en el estilo de vida español en diez años. Después de ese lapso, los frailes planeaban devolverles las tierras de las misiones. Los neófitos se encargarían del funcionamiento de la misión, siendo ya ciudadanos españoles, y pagarían impuestos al gobierno español. La tierra en sí permanecería bajo el control de Nueva España.

En principio, los españoles planeaban devolverles las tierras a los nativos, una vez que estuvieran listos a manejarlas por sí mismos. Sin embargo esto nunca ocurrió puesto que los colonizadores de Europa, México y otras partes de América se quedaron con las tierras.

Con los años, se construyeron veintiuna misiones y cuatro fuertes a lo largo de la costa de California.

4
Fundación de la misión

Una vez que el rey Carlos III declaró que debían establecerse misiones en California, el Gobierno de Nueva España envió cinco grupos a Alta California bajo el mando militar del capitán Gaspar de Portolá. Un fraile **franciscano**, fray Junípero Serra, fue elegido presidente del sistema de misiones de Alta California. Fray Serra acompañó a uno de estos grupos.

LOS ESPAÑOLES COLONIZAN ALTA CALIFORNIA

La expedición incluía soldados, misioneros; y también indígenas que se habían convertido al cristianismo en las misiones de Nueva España. Tres barcos, el *San Carlos,* el *San Antonio* y el *San José,* navegaron por la costa con los artículos que los frailes necesitaban para comenzar las misiones, incluyendo provisiones de alimentos y objetos religiosos como cruces, estatuas y trajes. Otras provisiones fueron cargadas sobre los lomos de las mulas que realizaban el viaje por tierra. Dos grupos viajaron por la tierra desértica de Nueva España arreando ganado hasta Alta California.

Los cinco grupos debían encontrarse cerca de la bahía de San Diego, a principios de julio de 1769. La travesía era difícil y muchos hombres se enfermaron. El *San José* y su tripulación se perdieron en el mar. Más de la mitad de los 219 soldados que comenzaron el viaje a Alta California perecieron.

A pesar de estas dificultades, los colonizadores sobrevivientes se reunieron en San Diego; y el 16 de julio de 1769, fray Serra fundó la primera misión de Alta California, la Misión de San Diego de Alcalá.

LA NECESIDAD DE UNA NUEVA MISIÓN

La Misión de San Miguel Arcángel fue fundada veintiocho años después de que fray Serra fundara la primera misión en Alta California. En ese entonces, fray Serra ya había muerto; y un nuevo presidente de las misiones, fray Fermín Francisco Lasuén, estaba a cargo. En 1795 el gobernador de California, Diego de Borica, decidió que había una distancia demasiado grande entre la Misión de San Luis Obispo de Tolosa y la Misión de San Antonio de Padua. Era más de un día de viaje; y a los españoles no les gustaba viajar de noche. El gobernador Borica envió una expedición para que encontrara un lugar adecuado para una nueva misión. Fray Buenaventura Sitjar, de la Misión de San Antonio de Padua, y algunos soldados conformaban dicha expedición.

Fray Junípero Serra fue el primer presidente de las misiones de Alta California.

Fray Sitjar le escribió a fray Lasuén diciendo que había encontrado un lugar, cerca del río Salinas, que tenía a su alrededor las fuentes necesarias de agua y madera. Ubicada en un valle fértil con buen suelo, la tierra era ideal para la cría y agricultura. También estaba cerca de una gran aldea de los salina llamada Cholam. Los españoles esperaban que muchos salina de esta aldea se incorporaran a la misión.

El gobernador Borica le escribió al **virrey** de Nueva España, el marqués de Branciforte, para pedirle permiso para construir la misión y 1,000 pesos para provisiones. El 19 de agosto de 1796, el virrey Branciforte escribió para decir que podían dar inicio a la construcción.

El 25 de julio de 1797, fray Lasuén fundó la Misión de San Miguel Arcángel. Acompañado por fray Sitjar y algunos soldados, fray Lasuén bendijo el lugar, alzó la cruz; y dio la primera misa, una ceremonia de la Iglesia católica.

UNA CÁLIDA BIENVENIDA

A diferencia de otros asentamientos, los frailes no tuvieron mucho problema para hacer que los nativos se interesaran en la misión. Muchos de los salina, que asistieron a la fundación de la misión, tenían amigos y parientes que vivían en la Misión de San Antonio de Padua y en la Misión de San Luis Obispo de Tolosa. Los salina querían aprender más acerca del estilo de vida español. En la ceremonia de fundación, los frailes **bautizaron** a quince niños salina. El bautismo es un ritual que se realiza cuando alguien es aceptado en la religión cristiana. Los misioneros estaban complacidos de que los salina se quisieran integrar a la Misión de San Miguel Arcángel.

Los españoles necesitaban la ayuda de los salina para construir el complejo de la misión. Algunos de los salina querían probar las herramientas españolas, como sus hachas de metal, que podían derribar árboles rápidamente. Otros salina eran atraídos a la misión mediante regalos de alimentos, pepitas y telas, obsequiadas por los españoles a cambio de su trabajo. En parte debido al entusiasmo de los salina, la construcción comenzó de inmediato.

LOS PRIMEROS EDIFICIOS DE LA MISIÓN

Después de la ceremonia de fundación, fray Lasuén dejó la misión, fray Sitjar quedó a cargo y fray Antonio Horra lo asistía. Los misioneros, los soldados y los salina de la misión construyeron albergues temporales de placas de madera y juncos, diseñados para durar hasta que se pudieran construir estructuras más permanentes.

Después de que se construyeron los albergues, los frailes, soldados y neófitos comenzaron a hacer ladrillos de **adobe** destinados a edificaciones más permanentes. Los españoles les mostraron a los salina cómo mezclar lodo, agua y paja para hacer el adobe. Los trabajadores mezclaban el adobe con los pies y lo compactaban en moldes de madera. Una vez que los ladrillos estaban moldeados, los trabajadores los ponían a secar al sol. El lodo se utilizaba para cementar los ladrillos entre sí, a fin de construir las paredes. Después de terminar las paredes, se colocaba un techo de palos y lodo.

Guiados por los frailes y soldados, hombres, mujeres y niños trabajaban en conjunto para crear y manejar las veintiuna misiones.

5
La misión se inicia con ímpetu

Fray Juan Francisco Martín se unió a la misión el 3 de diciembre de 1797. Talentoso constructor, se tomó el tiempo para aprender el idioma de los salina de manera de poder comunicarse con los neófitos, con quienes trabajaba en la misión.

DÁNDOLE FORMA A LA MISIÓN

Después de la llegada de fray Martín, el trabajo en la Misión de San Miguel Arcángel continuó; y para el fin de mes estaban listos tres edificios. En agosto de 1799, fray Sitjar dejó la Misión de San Miguel Arcángel para regresar a la Misión de San Antonio de Padua; y fray Baltasar Carnicier llegó a la Misión de San Miguel Arcángel, para ayudar a fray Martín. Para el 31 de diciembre de 1800, se habían construido cinco edificios más de adobe. Allí había un dormitorio, llamado *monjerío,* para las mujeres y muchachas neófitas no casadas; un granero, para almacenar los cereales; y un convento, morada permanente de adobe para los frailes.

CONSTRUCCIÓN EN LA MISIÓN DE SAN MIGUEL ARCÁNGEL

Hacia 1804, cientos de salina habían llegado para vivir en la misión. La Misión de San Miguel Arcángel tenía todas las ruecas, telares y lana necesarios para que las mujeres comenzaran a hilar mantas y telas, y a hacer ropa. Esta se convirtió en una de las principales industrias de la misión. Los neófitos tuvieron éxito criando ganado; y se plantaron y cosecharon cultivos en cantidades mayores que nunca antes.

El año 1805 fue importante para la construcción. Los neófitos construyeron cuarenta y siete casas para la aldea neófita que estaba fuera de la misión, llamada *ranchería*. A medida que se añadían más edificios a la misión, se iban colocando en forma de cuadrángulo. En el centro del cuadrángulo de la misión había un patio. Con el avance de la construcción, el complejo se expandió de manera que con el tiempo llegó a comprender el convento, el monjerío, la ranchería, los comedores, las cocinas, las salas de estudio, los talleres, los graneros, los establos, un corral y un cementerio.

EXPANSIÓN CON RANCHOS

La misión creció tanto que los frailes establecieron varios *ranchos* para criar el ganado. Los ranchos usualmente tenían una capilla, establos, un corral y la vivienda para los neófitos. Se construían a millas del complejo principal de la misión, de manera que los misioneros pudieran trabajar con los nativos que vivían en esas áreas. Los ranchos de la Misión de San Miguel Arcángel eran: el rancho la Playa, rancho San Simeón, rancho de la Asunción, rancho del Aguaje, rancho el Paso de Robles, rancho Santa Rosa y rancho Santa Isabel.

El primer rancho se comenzó en 1810, cuando se construyeron una casa y un granero en el rancho la Playa. El resto de los ranchos se construyeron entre 1810 y 1820. Había aguas termales en el rancho el Paso de Robles y el rancho de la Asunción; y los frailes y neófitos usaban las termas durante los fríos y húmedos inviernos. Los ranchos atrajeron muchos neófitos a la Misión de San Miguel Arcángel.

SOLICITUD DE UNA NUEVA IGLESIA

Hacia 1814, fray Martín y fray Juan Cabot, que habían venido a remplazar a fray Carnicier, decidieron que había tantos neófitos en la Misión de San Miguel Arcángel que era necesaria una nueva iglesia. Le escribieron al gobernador José Argüello para que les diera permiso de construir una iglesia más grande.

El 14 de diciembre de 1814, el gobernador Argüello les dio a fray Martín y fray Cabot permiso para construir la primera iglesia permanente de la misión. Los frailes pasaron más de una año planificando y reuniendo los materiales necesarios. Los neófitos hicieron y almacenaron ladrillos de adobe. En 1816 se colocó la base de piedra para la nueva iglesia. Las obras continuaron sin interrupciones, y en 1819 la nueva iglesia estaba terminada.

PINTANDO LA IGLESIA

A medida que pasaron los años, menos salina se unían a la Misión de San Miguel Arcángel; así que no se necesitaba construir nuevos edificios. Fray Cabot le pidió a su amigo, Esteban Munras, que ayudara a los neófitos a hacer las pinturas en las paredes del interior de la iglesia. Munras ayudó a diseñar brillantes y coloridos **frescos** dentro de la iglesia de la misión. Los artistas de la Misión de San Miguel Arcángel tenían que preparar sus propias pinturas. Para ello, agregaban aceite de semillas de linaza o jugo de cactus a las tintas y pigmentos.

Munras quería diseños que hicieran que el interior de la iglesia de la Misión de San Miguel Arcángel se pareciera a las antiguas edificaciones romanas. Puesto que la iglesia no tenía materiales para construir arcos, balcones y pilares, Munras y los neófitos los pintaron. Los artistas utilizaron una técnica llamada jaspeado, que hacía que los

Los neófitos que se unieron a la Misión de San Miguel usaban sus habilidades en pintura para decorar la iglesia. Bajo la dirección del pintor Esteban Munras, algunas de las obras de arte del edificio fueron hechas de manera que parecieran mármol.

objetos parecieran tallados en mármol. Estas pinturas creaban la ilusión de que verdaderamente había arcos y pilares.

Frente al **santuario** de la iglesia se encuentra un altar. Detrás del altar está el retablo, un gran tablero posterior con un ojo pintado que representa el ojo de Dios que todo lo ve. Debajo se encuentran tres estatuas: san Miguel, san Antonio y san Francisco de Asís. Los frailes usaban estos objetos cuando enseñaban a los neófitos lecciones de religión.

6
Vida cotidiana

La vida cotidiana de los neófitos de la Misión de San Miguel Arcángel se había alterado por completo. Habían dejado su estilo de vida nómada y ya no recogían plantas ni cazaban. Tenían que aprender a cultivar y construir casas permanentes. El cristianismo también era nuevo para ellos. Mientras más aprendían del modo de vida español, mayor era la parte de la cultura salina a la que renunciaban.

AJUSTÁNDOSE A LA NUEVA VIDA

La vida de la misión constituía una transición difícil para muchos de los salina. Para empezar, los neófitos eran tratados como niños; y tenían que obedecer ciegamente a los misioneros. No se les permitía tomar sus propias decisiones acerca de lo que quisieran hacer o vestir, ni adorar a los espíritus de la religión salina. Además de esta falta de libertad básica, los neófitos eran obligados a seguir una rutina diaria de trabajo y oración. Mientras que los frailes de las misiones estaban acostumbrados a llevar vidas que seguían un horario estricto, los salina no. Muchos neófitos tenían problemas para adaptarse a la vida altamente estructurada de los frailes.

EL DÍA DE UN NEÓFITO

Las campanas de la misión levantaban a los neófitos al amanecer. Cada mañana se reunían para los servicios de la iglesia, seguidos de lecciones bíblicas. Después de los servicios las mujeres servían un desayuno de *atole*, una papilla hecha de cereales o maíz. Luego los frailes le daban a cada uno su tarea. Los hombres trabajaban en los campos, huertos, ranchos y talleres; mientras que las mujeres se ocupaban de los niños pequeños y hacían comida, cestas, telas y jabón.

Los hombres salina aprendieron a cultivar maíz, guisantes, frijoles y cebada. También aprendieron a hacer carbón, el cual se utilizaba como combustible y en las pinturas. En los ranchos atendían el ganado que incluía ovejas, reses, caballos, mulas, bueyes, cerdos y cabras. Los hombres salina también trabajaban en los talleres de la misión, para perfeccionar sus recién adquiridas destrezas en herrería, carpintería, curtido de pieles; y fabricaban tejas y ladrillos de adobe. Cuando la misión necesitaba reparaciones, los hombres trabajaban con los frailes para reconstruir o renovar los edificios.

Los frailes les enseñaban a los neófitos a hilar y cultivar.

Para preparar la comida de los residentes de la misión, las mujeres salina aprendían de los misioneros técnicas de la cocina española; y las hacían utilizar harina de maíz y de trigo en lugar de harina de bellotas. Los frailes les enseñaron a hilar la lana de las ovejas criadas en la misión. Además les mostraron cómo tejer en los telares, de manera que pudieran hacer cobijas y ropa al estilo europeo. La Misión de San Miguel Arcángel se hizo famosa por su lana, que a menudo intercambiaba por provisiones con otras misiones de California. Las mujeres también hacían jabón utilizando ceniza y grasa de los animales, llamada sebo.

Durante el día, los frailes les enseñaban a los niños neófitos el **catolicismo**. También les enseñaban español y latín. El español era importante para comunicarse con los colonos españoles, y el latín era importante debido a que, en esa época, las misas se daban en latín.

Los neófitos trabajaban toda la mañana hasta las doce. Después de la sesión de trabajo de la mañana, las mujeres servían un almuerzo de *pozole,* un guiso hecho de cereal con un poco de carne y vegetales. Entonces era hora de una *siesta,* o descanso. El trabajo empezaba de nuevo alrededor de las dos de la tarde y continuaba hasta alrededor de las cinco. Entonces era la hora de la misa. Después de las oraciones se servía una cena simple.

Finalmente, después de un día arduo de trabajo y oraciones, les daban a todos un poco de tiempo para relajarse. A los salina les gustaba jugar, cantar y bailar. Jugaban, en las misiones, una variedad de juegos con palos, aros y postes, muchos de los cuales eran de la cultura salina. Sin embargo, este tiempo libre era muy limitado puesto que las mujeres se iban a dormir a las ocho de la noche y los hombres a las nueve.

DÍAS FESTIVOS Y FERIADOS

A lo largo del año, la gente de la misión celebraba un número de días santos, y otras ocasiones especiales, con *fiestas*. Muchos de estos días festivos eran en honor a Jesucristo o a los santos. Algunas veces los frailes mezclaban antiguas tradiciones salina con ceremonias católicas, a fin de hacer que los neófitos se sintieran más involucrados con su nueva fe. Aunque los frailes no aprobaban estos métodos, los permitían para tratar de mantener a los neófitos contentos. Los frailes creían que si los salina estaban contentos sería menos probable que trataran de escapar de la misión.

El terreno que rodeaba la Misión de San Miguel Arcángel se utilizaba para cultivar y criar ganado.

7

Desafíos en la misión

En los primeros días de la misión, fray Sitjar, fray Horra y los neófitos de la misión de San Miguel Arcángel trabajaron arduamente. Tenían pocas provisiones y había mucho por hacer. Los misioneros y soldados se encontraban lejos de sus hogares y familias y, a menudo, se sentían aislados. Los frailes tenían que manejar grandes granjas y trataban de mantener a cientos de neófitos contentos con su vida en la misión. Algunas veces el estrés era demasiado para los frailes encargados.

PROBLEMAS INMEDIATOS CON FRAY HORRA

Fray Horra tuvo problemas para adaptarse a la vida en la misión. Poco después de llegar a San Miguel Arcángel, le escribió una carta al virrey de México que decía: "El trato mostrado a los indios es el más cruel del que jamás haya leído en la historia. Por la menor cosa reciben fuertes azotes, les colocan grillos y los ponen en el cepo; y son tratados con tanta crueldad que los mantienen días enteros sin darles agua". Esto hizo enojar a los demás frailes. Si algún fraile dentro del sistema de misiones criticaba el trato que se daba a los neófitos, los problemas surgían rápidamente. Así los demás frailes de la misión aislaron a fray Horra y lo declararon demente. Aproximadamente un mes más tarde, fray Horra fue retirado de la Misión de San Miguel Arcángel; y se lo obligó a regresar a España escoltado por guardias armados.

POSIBLE ENVENENAMIENTO

Después de la salida de fray Horra, todo volvió a la normalidad; y parecía estar funcionando bien, hasta 1801, cuando fray Martín y fray Carnicier se enfermaron. Fray Francisco Pujol llegó desde la Misión de San Antonio de Padua, para ayudar a los dos frailes, y también se enfermó. Fray Martín y fray Carnicier se mejoraron; pero fray Pujol murió poco después de regresar a su propia misión.

A la luz de este acontecimiento, los frailes acusaron a algunos de los neófitos de envenenarlos y los hicieron golpear por el crimen. Posteriormente se halló evidencia de que lo más probable era que los neófitos hubieran sido acusados erróneamente. Se descubrió que fray Lasuén había escrito en sus diarios que la verdadera causa del envenenamiento era un recipiente de cobre recubierto con estaño que contenía el licor de los frailes. Fray Lasuén creía que el recipiente

Este grabado del siglo dieciocho, de Henry Chapman Ford, representa la Misión de San Miguel Arcángel. La misión comenzó a verse en mal estado con los años.

se había vuelto tóxico y había contaminado la bebida.

UN INCENDIO Y SUS EFECTOS

El 25 de agosto de 1806, un gran y devastador incendio azotó la Misión de San Miguel Arcángel. Las llamas destruyeron dos hileras de edificios, el techo de la iglesia y más de 6,000 fanegas de granos (unos 87,000 galones).

La **restauración** comenzó poco después del incendio. Mientras muchos de los edificios solo necesitaban reparaciones, algunos tuvieron que ser reconstruidos en su totalidad. Al mismo tiempo se construyeron veintisiete nuevas casas para los neófitos, en la ranchería.

Una de las razones para que el fuego se diseminara tan rápido fue que los techos originales estaban hechos de lodo, palitos y juncos. Estos materiales se incendiaban con facilidad; así que los frailes decidieron reconstruir la misión utilizando techos de tejas. Les enseñaron a los neófitos cómo hacer tejas de agua y arcilla, que eran mucho más resistentes al fuego que los techos que contenían palitos y juncos.

La Misión de San Miguel Arcángel sufrió un fuego devastador en 1806 pero fue reconstruida rápidamente. Se rediseñaron algunos edificios para que fueran más resistentes al fuego, con techos de tejas como se muestra en esta foto de finales del siglo diecinueve.

UNA VIDA DIFÍCIL PARA LOS NEÓFITOS

Muchos de los salina, en la Misión de San Miguel Arcángel, resentían la pérdida de su libertad. Algunos neófitos habían llegado a la misión solo por la comida y el abrigo que brindaba; y no les gustaba que los obligaran a obedecer a los frailes, o que los castigaran si no obedecían.

Para aliviar las tensiones en la misión, los frailes permitían que los neófitos escogieran *alcaldes*. Estos servían como oficiales de policía que comunicaban a los frailes con los neófitos y trataban de mantener la paz. También ayudaban a supervisar el trabajo de los neófitos; y castigaban a los que percibían como perezosos, o a quienes no hacían bien su trabajo.

Cuando los neófitos trataban de escapar, los soldados y los alcaldes eran enviados a buscarlos. Los fugitivos eran golpeados para disuadir a los demás de tratar de marcharse. Otro castigo común era poner a los neófitos en el cepo, estructuras de madera con hoyos para las muñecas o los tobillos de los prisioneros, que los mantenían inmovilizados. En varias misiones de toda Alta California, el trato dado a los neófitos podía ser atroz.

ENFERMEDADES

Las enfermedades se hicieron comunes en todas las misiones y provocaron muchas muertes. Los neófitos estaban expuestos, por primera vez, a las enfermedades europeas como el sarampión, varicela y viruela. Mientras que algunas de estas enfermedades no mataban a los europeos, a menudo resultaban mortales para los neófitos, cuyos cuerpos no habían desarrollado resistencias contra ellas. Las habitaciones de las misiones, con frecuencia, estaban sobrepobladas y en condiciones antihigiénicas. Esto aumentaba la incidencia de enfermedades y la muerte entre los residentes.

8
Secularización

Los españoles perdieron el control de México en 1821. Ahora que México era una nación independiente, también ganaba el control de las misiones y de la tierra circundante de Alta California.

MÉXICO SE APODERA DE LAS MISIONES

El 6 de enero de 1831, el gobernador mexicano de California, José María Echeandia, emitió un decreto que declaraba que las misiones pronto serían secularizadas. Ese día, cuatro oficiales mexicanos llegaron a la Misión de San Miguel Arcángel para liberar a los neófitos de los frailes. Uno de los oficiales, José Castro, reunió a los neófitos salina y les dijo que eran libres de irse. Los salina preguntaron si podían estudiar la oferta durante la noche. A la mañana siguiente, la mayor parte de los neófitos rechazó la oferta diciendo que estarían mejor en la misión.

Los techos de tejas rojas se construyeron para sobrevivir en caso de incendio.

En 1833, el Gobierno mexicano aprobó leyes para secularizar las misiones. Esto quería decir que los neófitos serían ciudadanos libres de España. Desafortunadamente, mientras que el Gobierno decía que los neófitos eran libres del dominio de los frailes, era legal que los oficiales mexicanos obligaran a los neófitos

a trabajar la tierra que le había sido quitada a la Iglesia católica. El 9 de agosto de 1834, el gobierno mexicano se apoderó de la Misión de San Miguel Arcángel. A los frailes se les permitió quedarse para conducir actividades religiosas, pero el gobierno designó a los oficiales mexicanos para dirigir la misión. Estos nuevos oficiales eran severos con los salina, así que muchos se fueron de la misión. Algunos encontraron trabajo como *vaqueros,* o como sirvientes en los ranchos del área. Otros trataron de regresar a sus antiguas aldeas; pero encontraron que los rancheros y colonizadores habían tomado sus tierras. Muchos salina habían crecido en la misión y no sabían vivir de la tierra como lo habían hecho sus antepasados.

Después de la secularización, gran parte de la Misión de San Miguel Arcángel cayó en el abandono, pero el interior de la iglesia se mantuvo en buenas condiciones.

EL CAMBIO LLEGA A LA MISIÓN

Bajo la **secularización**, muchas tierras de las misiones, que se suponía les habían sido devueltas a los neófitos, fueron vendidas o regaladas por los oficiales mexicanos a los colonizadores. Dos comerciantes, Petronillo Ríos y William Reed, compraron la Misión de San Miguel Arcángel en 1846.

El fin del sistema de misiones no fue el único cambio en California en esos tiempos. Cuando estalló la guerra entre Estados Unidos y México, los vencedores americanos tomaron posesión de Alta California. Poco después, la fiebre del oro en California atrajo al área a muchas personas que esperaban hacer fortuna. El territorio se convirtió en el trigésimo primer estado en 1850, y su nombre se redujo a California.

A pesar de que la misión enfrentó muchos problemas, sobrevive como recordatorio de los tiempos de cambio de la historia inicial de California.

9
La Misión de San Miguel Arcángel hoy

El presidente de los Estados Unidos, James Buchanan, devolvió la Misión de San Miguel Arcángel a la Iglesia católica en 1859; pero la Iglesia no envió nuevos sacerdotes durante casi veinte años, hasta que el reverendo Philip Farrelly llegó en 1878. Farrelly encontró que muchos de los edificios habían sido alquilados; y funcionaban entonces como viviendas, una tienda, una taberna y un salón de baile.

REPERCUSIONES DE LA SECULARIZACIÓN

El pueblo de San Miguel comenzó a florecer después de 1886, cuando las vías férreas lo conectaron con Paso Robles y otros pueblos de California. Viajar de, y hacia, San Miguel le parecía fácil a la gente, lo que aumentó los negocios en el área. En 1897, el pueblo celebró su historia temprana ofreciendo la celebración del centenario de la fundación de la misión. La celebración incluyó desfiles, bailes, conferencias y conciertos.

En 1928, la Misión de San Miguel Arcángel fue devuelta a los cuidados de la orden franciscana. Los frailes dieron inicio a reparaciones mayores de los edificios abandonados. Hoy en día, los franciscanos viven en la misión restaurada que también sirve como iglesia parroquial, centro de retiro y museo. Todos los años, la misión da una fiesta el tercer domingo de septiembre, en la que los visitantes pueden conocer mejor la historia de la misión.

El 22 de diciembre de 2003, un fuerte terremoto sacudió a San Miguel Arcángel, lo que causó daños mayores a la iglesia y a los edificios de los alrededores. Por años no se permitió a los visitantes entrar en la iglesia, y ver sus bellas y originales obras de arte. Después de años de un gran proyecto de restauración, la iglesia fue reabierta, en septiembre de 2009. Se preservaron la mayoría de las obras de arte; pero será necesario más trabajo, para restaurar completamente las muchas piezas hermosas de San Miguel Arcángel.

La influencia de las misiones españolas es evidente en California, aún en la actualidad. El cultivo y la cría, dos habilidades traídas al área por los españoles hace más de 200 años, crecen con fuerza. El estado es también líder mundial en producción agrícola. La Misión de San Miguel Arcángel se yergue como monumento enseñando, a los estadounidenses de hoy en día, la vida de los salina y de los frailes católicos que ayudaron a convertir a California en el estado exitoso que es en la actualidad.

Actualmente la Misión de San Miguel está abierta al público, y constituye un sitio histórico y destino turístico de gran importancia.

10

Haz una maqueta de la misión

Para hacer tu propio modelo de la Misión de San Miguel Arcángel, vas a necesitar:

- lápiz
- tijeras
- regla
- espuma de poliestireno
- cuchilla X-ACTO®
(pide ayuda de un adulto)
- goma de pegar
- cartón espuma
- flores secas
- cartón corrugado
- alfileres
- pintura marrón
- papel de colores
- campana en miniatura
- musgo
- plantas artificiales

INSTRUCCIONES

Se sugiere la supervisión de un adulto.

Paso 1: Para hacer las partes delantera y posterior de la iglesia, corta dos piezas de espuma de poliestireno de 9" x 12" (22.9 cm x 30.5 cm).

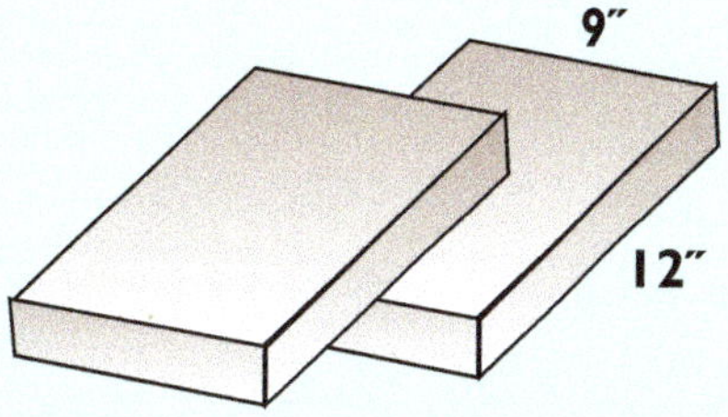

Paso 2: Elige una de las piezas para el frente y corta una puerta con la cuchilla X-ACTO.

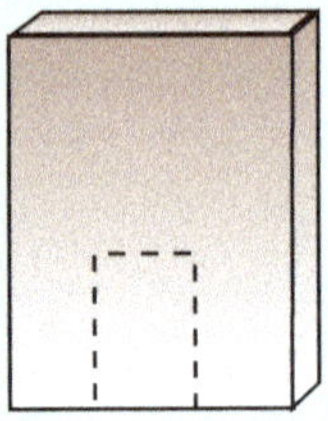

Paso 3: Corta dos piezas de espuma de poliestireno de 9" x 12" (22.9 cm x 30.5 cm). Estas serán los lados de la iglesia.

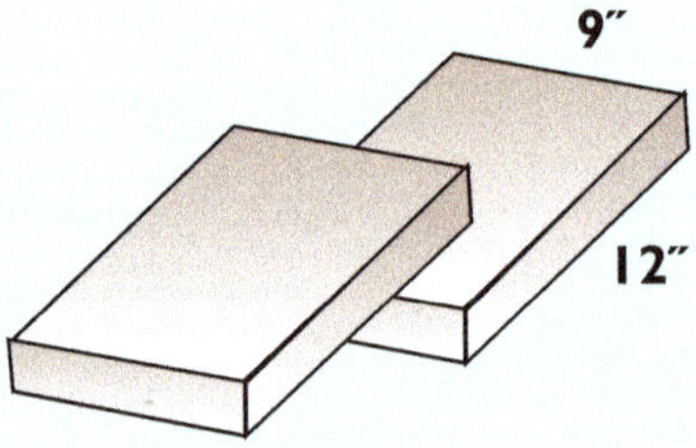

Paso 4: Coloca las cuatro piezas en forma de caja y pégalas con goma. Fíjalas en su lugar por treinta segundos, o hasta que se seque la goma de pegar.

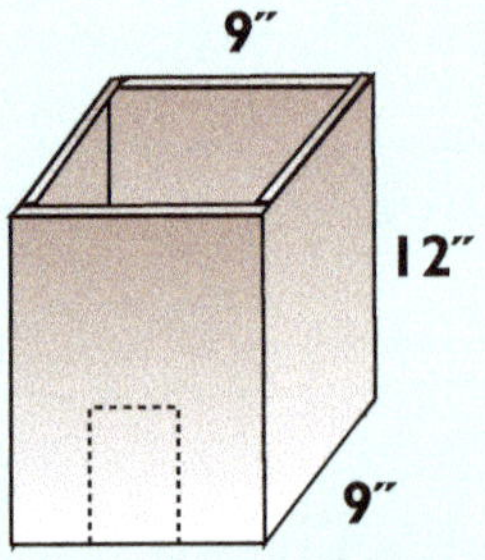

Paso 5: Utiliza la sección grande de espuma rígida como base. Pega con goma el edificio de la iglesia sobre la base.

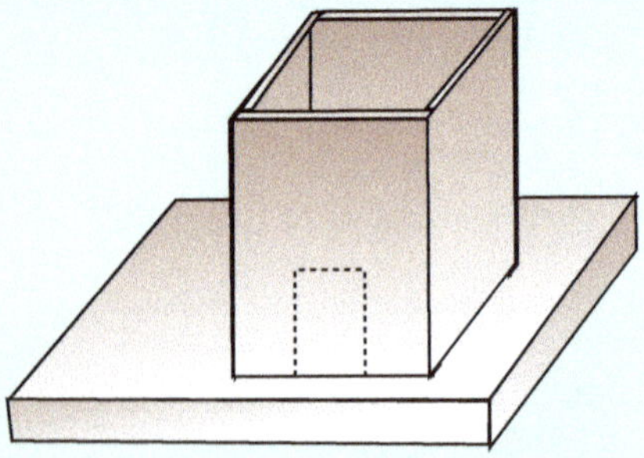

Paso 6: Corta dos triángulos de espuma de poliestireno cuyas bases sean de 9" (22.9 cm) de largo y cuyos lados sean cada uno de 6" (15.2 cm). Estos triángulos tendrán 4" (10.2 cm) de alto. Pégalos encima de las paredes delantera y posterior de la iglesia.

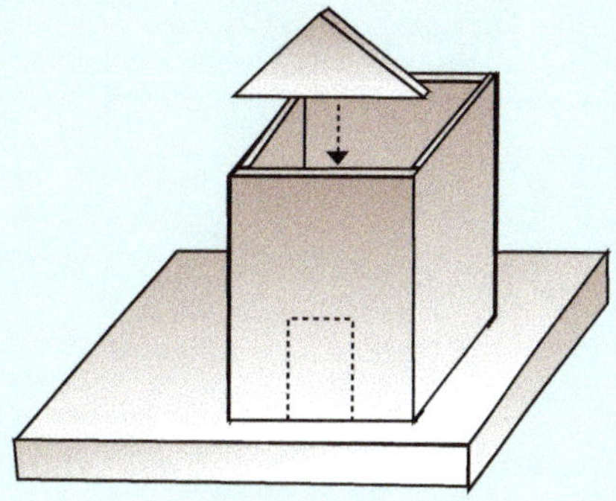

Paso 7: Para hacer la arcada, corta dos piezas de espuma de poliestireno de 7" x 3" (17.8 cm x 7.6 cm). Estas son las piezas delantera y posterior.

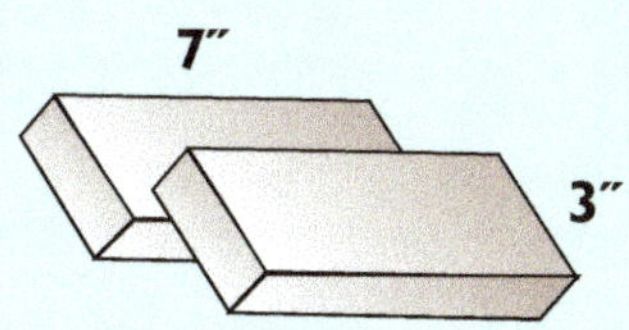

Paso 8: Traza dos entradas en forma de arco en la mitad de cada pared de la arcada de espuma de poliestireno, y córtalas con la cuchilla X-ACTO.

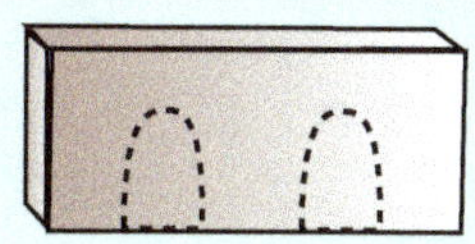

Paso 9: Para hacer el techo de la arcada, corta un pedazo de cartón de 8" x 5" (20.3 cm x 12.7 cm). Pinta de marrón el techo de cartón. Deja secar la pintura.

Paso 10: Pega las dos piezas de las arcadas al lado posterior izquierdo de la iglesia. Luego pega el techo sobre la arcada.

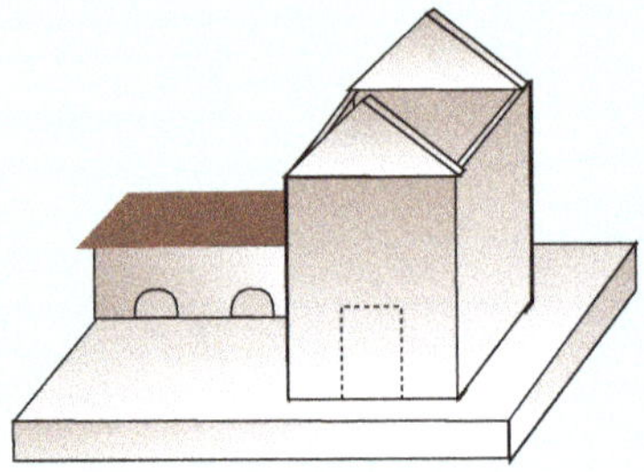

Paso 11: Para hacer las ventanas de la iglesia, corta dos cuadrados pequeños de cartón y pégalos sobre el edificio.

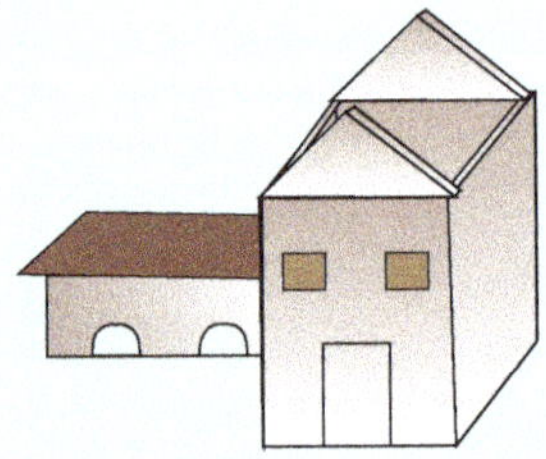

Paso 12: ¡Es hora de decorar! Recorta papeles de colores en pequeños cuadrados y pégalos en el piso de la iglesia. Utiliza un pedazo redondo de papel azul para la fuente interna.

Paso 13: Pega una campana en miniatura en la entrada de la iglesia. Recorta papel para hacer una cruz, y pégala en el frente de la iglesia.

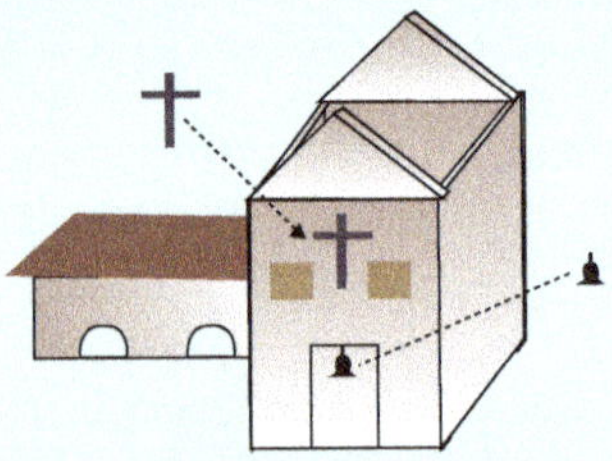

Paso 14: Coloca goma de pegar alrededor de tu misión; y decora con musgo, flores secas o plantas artificiales.

La maqueta de la Misión de San Miguel Arcángel terminada.

Fechas clave en la historia de las Misiones

1492	Cristóbal Colón llega a las Indias Occidentales
1542	Expedición de Cabrillo a California
1602	Sebastián Vizcaíno navega hacia California
1713	Nace fray Junípero Serra
1769	Fundación de San Diego de Alcalá
1770	Fundación de San Carlos Borromeo del Río Carmelo
1771	Fundación de San Antonio de Padua y San Gabriel Arcángel
1772	Fundación de San Luis Obispo de Tolosa
1775-76	Fundación de San Juan Capistrano
1776	Fundación de San Francisco de Asís
1776	Se firma la Declaración de la Independencia

1777	Fundación de Santa Clara de Asís
1782	Fundación de San Buenaventura
1784	Fallece fray Serra
1786	Fundación de Santa Bárbara
1787	Fundación de La Purísima Concepción
1791	Fundación de La Santa Cruz y Nuestra Señora de la Soledad
1797	Fundación de San José, San Juan Bautista, San Miguel Arcángel y San Fernando Rey de España
1798	Fundación de San Luis Rey de Francia
1804	Fundación de Santa Inés
1817	Fundación de San Rafael Arcángel
1823	Fundación de San Francisco Solano
1833	México aprueba la Ley de Secularización
1848	Encuentran oro en el norte de California
1850	California se convierte en el trigésimo primer estado

Glosario

adobe: Ladrillos secados al sol hechos de paja, lodo y algunas veces estiércol.

bautismo: Sacramento marcado por el uso ritual de agua, que convierte a una persona en miembro de una comunidad cristiana y la limpia de sus pecados.

catolicismo: La fe o práctica del cristianismo católico que sigue el liderazgo espiritual de los sacerdotes regidos por el Papa.

convertirse: Cambiar de creencias religiosas.

cristianismo: Religión basada en las enseñanzas de Jesucristo y la Biblia, practicada por grupos orientales, católicos romanos y protestantes.

frailes: Hermanos de una orden religiosa comunitaria. Los frailes también pueden ser sacerdotes.

franciscano: Miembro de un grupo religioso católico iniciado por san Francisco de Asís en 1209.

fresco: Pintura hecha sobre yeso húmedo, más duradero que las pinturas hechas sobre una pared seca.

indígena: Persona nacida en una región o ambiente particular.

neófito: Nombre que se le daba a un indígena una vez que era bautizado en la religión cristiana.

restauración: Trabajo para devolver algo, como un edificio, a su estado original.

santuario: La parte sagrada de una iglesia que contiene el altar.

secularización: Proceso mediante el cual las tierras de las misiones dejaban de tener carácter religioso.

virrey: Oficial de gobierno que rige un área como representante del rey.

Guía de pronunciación

alcaldes (ahl-KAHL-des)

atole (ah-TOH-lay)

convento (kom-BEN-toh)

fiestas (fee-EHS-tahs)

fray (FRAY)

monjerío (mohn-hay-REE-oh)

pozole (poh-SOH-lay)

ranchería (rahn-cheh-REE-ah)

ranchos (RAHN-chohs)

siesta (see-EHS-tah)

vaqueros (bah-KEH-rohs)

Para mayor información

Para aprender más acerca de las misiones de California, consulta los siguientes libros y páginas web.

LIBROS

Bellezza, Robert A. *Missions of Central California*. Charleston, SC: Arcadia Publishing, 2013.

Brower, Pauline. *Inland Valleys: Missions of California*. Minneapolis, MN: Lerner Publishing, 2008.

Price, Sean. *The Birth of a State: California Missions*. Chicago, IL: Raintree, 2008.

Young, Stanley. *The Missions of California*. San Francisco, CA: Chronicle Books, 2004.

SITIOS DE INTERNET

California Missions Resource Center

www.missionscalifornia.com

Este es un recurso sobre hechos de todas las misiones de California.

California Mission Studies Association

www.californiamissionstudies.com

Esta es una gran fuente de resúmenes sobre las misiones de California.

San Diego History Center

www.sandiegohistory.org/journal/69fall/struggle.htm

Esta página web es parte del centro histórico de San Diego. Proporciona artículos de su revista, *The Journal of San Diego History,* entre los que se incluyen artículos sobre las misiones.

Índice

Los números de páginas en **negritas** corresponden a las ilustraciones.